AF509517

CATALOGUS

Van een Uitmuntend

KABINET

Konftig en Plaifante

SCHILDERYEN,

Van de befte *Italiaanfche*, *Franfche* en *Nederlandfche* Meefters.

Benevens eenige Fraije INSECTENS en andere RARITEITEN.

Alles nagelaten door een voornaam Liefhebber, *den* ~~Konft kooper Wannaar, noch in leben en anderen.~~

Al 't welke Verkogt zal worden door de Makelaar HENDRIK DE LETH, op Dingsdag den 17. Mey 1757 te Amfterdam, ten huize van Huybert de Wit, Caftelein in 't Oudezyds Heeren Logement, 's morgens ten 9, en 's namiddags ten 3 uuren.

De *Catalogus* is te bekomen by de voornoemde Makelaar, wonende op de Beursfluis, in de VISSER, te Amfterdam.

CATALOGUS
VAN
SCHILDERYEN.

N. 1 **E**en verwonderlyk uitvoerig Stuk van *Batolmeus Breenberg*, verbeeldende daar Chriſtus een blinde ziende maakt, met ongemeen veel Figuren, zo ſchoon als van hem bekend is. hoog 18 duim breet 25 duim.

2 Een uitmuntend Kabinetſtuk van *Nicolaas Berghem*, met Koeyen, Schapen en Beelden, zo heerlyk en ſchoon als ooit van hem gezien is. hoog 22 duim breet 28 duim.

3 Een Boeren Binnenhuis, verbeeldende een BoereHerberg met negen Figuren, daar eenige Boeren zitten te drinken, en op de kaart te ſpelen, zeer uitvoerig en Eel geſchildert door *A. van Oſtade.*

4 Een overheerlyk en uitvoerig Stuk, verbeeldende daar Pilatus tot de Overprieſters zegt, dat ik geſchreven heb dat hebbe ik geſchreven, met veel bywerk, door *B. van Heck* zo goed als *Douw.* hoog 28 duim breet 23 duim.

5 Een verwonderlyk uitvoerig Stuk van *Jan van der Heyden*, verbeeldende een gezigt in een Stad, door *Adriaan van den Velde* uitnemend en fraay geſtoffeert, zo goed als van hem bekend is. hoog 18 duim breet 22 duim.

A 2

N. 6 Een extra uitvoerig kaarsligtje van *van Thol*,
met veel bywerk niet minder als *Douw*.

*6 Een kapitaal ſtuk, verbeeldende een Zee-
ſtorm met het Oorlogſchip de Samſon
en andere Scheepen, verwonderlyk
ſchoon geſchildert, door *Ludolf Bakhuyzen*, hoog 64 duim, breet 94 duim.

7 Een Vrouwtje by het vuur zittende, een
pot met melk te roeren, verwonderlyk
natuurlyk, door *Slingerland* hoog 11½
duim breet 9½ duim.

7* Een woelend water met diverſe ſchepen,
zeer helder en uitmuntend geſchildert,
door *Ludolf Bakhuyzen*, hoog 17 duim
breet 24 duim.

8 Een Binnewatertje, niet minder, door den
zelven, zynde een weerga, dito hoog
en breet.

9 Een extra fraay Landſchap, door *J. Wy-
nands* 1664. en uitmuntend geſtof-
feerd, door *Philip Wouwerman*, hoog
23 duim breet 31½ duim.

10 Een verwonderlyk uitvoerig Stukje, zynde
Maria met het Kindje, door *van Balen*,
in een Bloemekrans geſchildert door
Breugel, hoog 24½ duim breet 18 duim.

11 Een Sabynſche Maagdenroof, extra fraay,
door *J. Lingelbach*.

12 Een Romynſche Markt, met veel Beelden
en bywerk, door den zelven, hoog
22 duim breet 27 duim.

13 Een aangenaam Landſchap, met Beelden
en Beeſten, door *Jan van Huyſem*,
hoog 24 duim breet 27 duim.

14 Een dito door den zelven, hoog 15 duim
breet 12 duim.

N. 15

N.15 Een dito zynde een weerga, door den
zelven van 't voorgaande.

16 Een Kerk met veel Beelden, door *P.
Neefs*, hoog 15 duim breet 20 duim.

17 Een extra fraay Stuk van *Ad. van Oftade*,
zynde een Boere binnehuis met veel
Beelden, hoog 13 duim breet 10 duim.

18 Een Kabinet Stukje, verbeeldende Suzan-
na met de Boeven zeer uitvoerig gefchildert, door *Willem van Mieris*, hoog
14 duim breet 12 duim.

19 Een Muficerende Herder en Herderin,
door den zelven, hoog 12 duim breet
16 duim.

20 Een Juffertje die aan een tafel zit te le-
zen, en daar een knegt een fchenk-
bord aanbrengt, door *G. ter Burg*,
hoog $18\frac{1}{2}$ duim breet $14\frac{1}{2}$ duim.

21 Een Lezend Mannetje, door den zelven
hoog $13\frac{1}{2}$ duim breed $10\frac{1}{2}$.

22 Een Inhaling van een Vorft met ongemeen veel Beelden, extra fraay en
uitvoerig op koper gefchildert, door *P.
Franx*, hoog 16 duim breet 24 duim.

23 Het Portrait van *P. P. Rubbens*, hoog
1 voet $7\frac{1}{2}$ duim breet 1 voet $1\frac{1}{2}$ duim.

24 Vulcanus aan 't fmeden en veel bywerk,
van dito, hoog $19\frac{1}{2}$ duim breet 16 duim.

25 Een Apoftel die gemartelifeert werd, in
't graauw, door dito, hoog $10\frac{3}{4}$ duim
breet 9 duim.

26 Een Capitaal en uitvoerig ftuk, door *P.
P. Rubbens*, verbeeldende een Haane
gevegt, hoog 3 voet breet 5 voet.

N.27

N.27 Maria met het Kindje aan de borſt ſlapende, door dito, hoog 14¾ duim
breet 12¼ duim.

28 Daar St. Michaël de Verworpelingen ver-
dryft, en Maria met het Kinaje op
de wereld kloot in de lught, door dito, hoog 2 voet breet 16½ duim.

29 De 4 Fvangeliſten, door dito, gaat in
print uit, hoog 2 voet 1½ duim breet
2 voet 3 duim.

30 Een van dito, daar de Engel Elias broot
en wyn brengt in de Woeſtyne, gaat
in prent uit, hoog 2 voet 2 duim breet
21 duim.

31 De Maaltyd van Herodes en Herodias,
daar 't hooft van Johannes gebragt
werd, door dito, gaat in print uit,
hoog 2 voet breet 2 voet 7½ duim.

32 Maria met het Kindje op de ſchoot by
een Wieg, en Joſeph daar by ſtaande,
door dito, hoog 8 duim breet 6 duim.

33 Chriſtus aan 't Kruys tuſſchen 2 Moor-
denaars, zynde een ſchets van 't groote Autaar ſtuk van de P. Minnebroers
tot Antwerpen, door dito, hoog 2
voet 1½ duim breet 9½ duim.

34 Bachus en Cileen met veel gewoel, door
dito.

35 Johannes Predikende in de woeſtyne, in
een Italiaanſche manier, door *de Rid-
der van der Werven*, hoog 19 duim
breet 2 voet ½ duim.

36 Een Meneſie in een Landſchap, ryden-
de om een boom, met Beelden en Paarden,

den, door *Ph. Wouwerman*, hoog 14½ duim breet 1 voet 7 duim.

N.37 Een Man die voor zyn Paart ſtaat te wateren, door dito, hoog 6¾ duim breet 8 duim.

38 Een dito, zynde een weerga, daar een Officier by zyn Paart ſtaat, door dito, hoog en breet als boven.

39 Een dito daar een Paart wert beſlagen in een bergagtig gehugt, met verſcheide Paarden en Beelden, door dito, hoog 21 duim breet 17 duim.

40 Een ſchoon Bloemſtuk met een Vogelnesje, door *Jan van Huyſum*, hoog 1 voet 8 duim breet 1½ voet.

41 Een dito wat kleinder, van dito, hoog 16½ duim breet 1 voet ¾ duim.

42 Een dito Bloemſtuk, door *Juffrouw Havermans*, hoog 18 duim breet 18½ duim.

43 Een Capitaal ſtuk van *Gerard Douw*, verbeeldende een Conſtapel by een ſtuk Kanon, Trom, Vendel, met meer bywerk, hoog 2 voet 7 duim breet 2 voet 2½ duim.

44 Een Oud Mannetje, door dito, hoog 9½ duim breet 7 duim.

45 Een Capitaal Binnenhuisje, daar een Boertje zyn Pyp aanſteekt, en in 't verſchiet 3 Boertjes met de kaart zitten te ſpeelen, door *Ad. van Oſtade*, van zyn beſte tyd, hoog 11 duim breet 9 duim.

46 Een dito tot een weerga, daar een Boertje by den haart tegens een beſchot zit

te

te flapen, en 3 Boertjet in 't verfchiet, door dito, hoog en breet als boven.

N. 47 Een extra fraai ftuk, door *Ugtervelt*, verbeeldende een Juffrouw die by een Tafel fit, hoog 2 voet $3\frac{1}{2}$ duim.

*47 De Minne het Kint na zyn Moeder leidende die het een Peer prefenteert, door dito, breet $22\frac{1}{2}$ duim.

48 Een Burger Officier die by een Tafel zittende een glaafie Wyn te drinken, in een vertrek, door *Gabriel Metzu*, hoog $8\frac{1}{2}$ duim, breet $7\frac{1}{2}$ duim.

49 Een dito, daar een befchonke Officier zit te flaapen, en een Man die een glas in de hand heeft, daar een Vrouwsperzoon by ftaat, hoog 14 duim, breet 16 duim, door den zelven.

50 Een Capitaal Landtfchap, daar een gelade Kar met allerley Huisraat op is en de menfchen ruften, zo goet als van *Ph. Wouwerman*, door *Will. Schellinx*, hoog 20 duim, breet 2 voet.

51 Een dito tot een weerga, daar Heeren Malien of Kolven, by een Buiteplaats, met veel gewoel, door dito als boven, hoogte en breete.

52 Een Gezicht in 't Haagfe Bos, met Koetjes en Schaapies, door *Adr. van den Velde*, hoog 19 duim, breet $23\frac{1}{2}$ duim.

53 Een extra Capitaal ftuk, verbeeldende Laagh Elten aan de Ryn, met Kerken en Gebouwen, door *H. van der Heyden*, de Beeltjes door *Adriaan van de Velde*, en de Scheepjes en Houdtvlot, door *Willem van de Velde*, hoog $13\frac{1}{2}$ duim, breet 23 duim.

N. 54

N.54 Een Ryn gezicht vol gewoel, zeer uitvoerig door *Vosterman*, niet minder als van
H Sagtleeven, hoog 8¾ duim, br. 11 duim.

55 Een woelende Zee met Scheepen, door
Lud. Backhuyfen, hoog 2 voet 3 duim, br.
2 voet 9 duim.

56 Een Mannetje dat op een Fiool fpeelt, door
P. van Slingerlandt, hoog 5 duim, breet
4½ duim.

57 Een fraai ftukje, door *Willem Mieris*,
verbeeldende Ceres, hoog 6½ duim, br.
5¾ duim.

58 een Boertje en Boerinnetje, hebbende een
Vogeltje aan een Touwetje, door *Carel
de Moor*, hoog 9 duim, br. 10 duim.

59 Een Mannetje met een Roemer Wyn en
Citroen daar in, door *Schalke*, ovaal
hoog 6 duim.

60 Een Tafel met Broodt en een Roemer
Wyn, door *Jan Davidze de Heem*.

61 Een dito met een Fles met alderly Bloemen, Roemer Wyn, Oefters &c. door den
zelven.

62 Een Daame in 't wit Satyn, en een Heer
zittende te Muficeeren, door *G. ter Burg*.

63 Een fraai ftuk, door *M. Weytmans*, verbeeldende een Dame die op een Lier
fpeelt, de Heer agter haar ftaande, en een
Jonge die met een Hond danft, zeer uitvoerig als van *F van Mieris*, hoog 2
voet, breet 1½ voet.

64 Twee grappige ftukjes, en uitvoerig
door *Jan Steen*.

65 Een Zee Strantje, door *Willem van de
Velde*.

A 5

N.66

N.66 Een Landt en Rivier gezichtje, door *R. Griffier.*

67 Het Oordeel van Paris, door *Breugel* en *Frank*, hoog 8 duim, breet 10¼ duim.

68 Een Tafel met Oesters, Broot en Wyn &c. door *Guelmo van Aalst.*

69 Baadende Nimphen, door *van Lis.*

70 Een stukje, verbeeldende daar de Raaf Elias broot en Wyn brengt, door *C. Poelenburg.*

71 Drie Rookende Boertjes, door *A. Brouwer.*

72 Twee Kabinetstukjes, 't eene verbeelt Lot met zyn Dogters, en 't andere Susanna met de Boeven, door *Jaques de Roore.*

73 Een musiceerend Geselschap, door *La Hay.*

74 Een Capitaal Bloem Feston, in 't midden Maria en 't Kintje, door *P. Zeegers.*

75 Een dito Bloemekrans, Vrugtjes en Vlindertjes daar by, zeer uitvoerigh door *Breugel,* en in 't midden daar Salomon Afgodery pleegt, door Don *F. Frank.*

76 Een dito Bloemkrans, door *Crepu,* of het van *Veenendaal* was.

77 Een Capitaal stuk door *Croos,* verbeeldende in 't midden de Stad Leyden, en 16 Dorpen rontom, ieder in een byzonder Lysje, en de namen van de Dorpen daar by.

78 Een Wever op zyn Getouw, door *Corn. Deckers.*

79 Een woelent Zeetje vol met Scheepjes, door *D. W.*

80 Twee stukkies, door

81 Twee Vrouwe Hoofdjes levensgroote, gekrioneert door *Jan Wandelaar.*

N. 82

N.82 Een Landtfchapje, met Beeltjes, Paart,
Ezel en Bokje, door *Berkheyde.*

83 Een laggende en Speelende Jonge, door
Hals.

84 Een fraai Stukje, verbeeldende 3 Boertjes die by den Haart zitten te Zingen en
te Rooken, door *J. Minefe Molenaar.*

85 Een gezigt van de Huydeftraat, langs de
Keizersgragt, ziende na de Wefterkerk,
zynde een Manefchyntje, van *A. van
der Neer*, hoog 7½ duim, br. 11 duim.

86 Een Dorp gezigt, zynde een Morgen-
ftond, door den zelven, hoog 7½ duim,
breet 11 duim.

87 Een Manefchyntje, door den zelven,
hoog 9½ duim, breet 14½ duim.

88 Een ftil Watertje met Scheepen, door
W. van den Velde, hoog 12 duim, breet
17 duim.

89 Een kapitaal ftuk, verbeeldende een Zee
met een vlootOorlogfcheepen, die fchie-
ten, en andere Vaartuigen, extra uitvoerig op een witte grond gefchildert,
door den zelven, hoog 22 duim, br.
27 duim.

90 Een Fles met Bloemen, kragtig en uitvoerig gefchildert, door *G. van Aalft*,
hoog 22 duim, breet 12 duim.

91 Een Binnehuys met verfcheide vrolyke
Beelden, door *Jan Steen*, hoog 15 duim.
breet 12 duim.

92 Een Chirurgyns Winkel, daar een Boer
van de Huyg geligt wort, door den
zelven, hoog 16 duim, br. 12 duim.

N.93

N. 93 Een kapitaal ſtuk met Beelden, door *A.*
Bloemaart, hoog 54 duim, br. 77 duim.

94 Een dito Hiſtorieſtuk, door een braaf
Meeſter.

95 Een dito, zynde een Romynſe Batalje,
door *Raphaël de Urbino*, hoog 48
duim, breet 82 duim. Hier van een
Print uit.

96 Suſanna met de Boeven, levens groote,
door een Italiaans Meeſter, hoog 41
duim, breet 55 duim.

97 Een kapitaal ſtuk van *Baſſan*, daar Noach
alderhande Beeſten in de Arke laat gaan,
hoog 45 duim, breet 66 duim.

98 Een Batalje, door *Ant. Franx van de*
Molen, hoog 19 duim, br. 28 duim.

99 Twee Munniken die een Boerin Karesſee-
ren, extra fraay door *Ad. del Sarto*,
hoog 17 duim, breet 23 duim.

100 Een naakte ſlapende Vrouw met twee
Monniken, door een Italiaans Meeſter,
hoog 31 duim, breet 38 duim.

101 Drie ruſtende Boeren extra fraay door
Cavalleri Danilli, hoog 14 duim, breet
10 duim.

102. De Slangebeet, door *Thulde*, hoog 20½
duim, breet 16½ duim.

103 Een Italiaanſche Zeehaaven met een
Werf, door *P. Bril*, hoog 20 duim,
breet 26 duim.

104 Een Italiaans Landſchap met Beelden
en Beeſten, door *Bamboos*, hoog 15
duim, breet 17 duim.

105 Een Boere Binnehuysje, met Beelden,
door

door *C. Bega*, hoog 13 duim, breet 12 duim.

N.106 Een dito extra fraay, door *B. Wolfrat*, hoog 26 duim, breet 20 duim.

107 Een dito, door *David Teniers*, hoog 12 breet 17 duim.

108 Een kapitaal Landschap met veel stoffasie extra fraai geschildert, door *Jan van der Meer*, hoog 27 duim, breet 39 duim.

109 Een Gezigt van het Dorp Maarssen, door *J. Stork*, hoog 28 duim, breet 41 duim.

110 Een dito van de andere zyde te zien, door den zelven, hoog 30 duim, breet 42 duim.

111 Een extra fraai en aangenaam Landschap, van de Oude *Moucheron*, en gestoffeerd, door *A. van den Velde*, hoog 15 duim, breet 19½ duim.

112 Een Boere Vismarkt met diverse Beelden en bywerk, extra fraai geschildert door *M. Sorg*, hoog 19½ duim, br. 25½ duim.

113 Een dito Markt, daar alderhande gevogelte verkogt wort, door den zelven, zynde een weerga.

114 Een Gezigt langs den Rhyn, door *H. Zagtleven*, hoog 8 duim, breet 10½ duim.

115 Een dito, zynde een weerga, door denzelven.

116 Een Gezigt van de Janrodenpoorts Toren en Singel, door *R. Zeeman*, hoog 17 duim, breet 19 duim.

117 Een Historiestuk door *O. Elleger*, hoog 22½ duim, breet 28 duim.

N.118

N.118 Een dito, door denzelven, hoog 21
duim, breet 26 duim.

119 Een dito, door denzelven, hoog 21
duim, breet 26 duim.

120 Een Landschap, daar eenige Ruiters
hunne Paarden naar het Wet brengen,
extra fraay, door *Hugteuburg*, hoog
18 duim, breet 23 duim.

121 Een fraay Stuk met doode Vogels en
eenig Jagttuig, door *M. de Hondekoeter*,
hoog 30 duim, breet 25 duim.

122 Een dito, door denzelven, hoog 22½
duim, breet 27 duim.

123 Een Stilwatertje, door *J. van Capellen*,
hoog 15½ duim, breet 22 duim.

124 Een zeer uitvoerige Battailje, van *Ph.
Wouwerman.*

125 Een Plaisant Beeste stukje, van *de Leone.*

126 Een dito, van *W. Romyn.*

127 Twee Boere Gezelschapjes, van *Heemskerk.*

128 Een Zeestrandje met Beestjes, van *W.
Schellinks.*

129 Een dito natuurlyk Maneschyntje.

130 Een Landschap met Beelden en Paard-
jes, van *den Boere Breugel.*

131 Een Mans Portrait, van *C. Netscher.*

132 Een Rokent Mannetje, zeer uitvoerig.

133 Een Vrouw in een Nisje, van *G. Schal-
ken.*

134 Een Capitaal Landschap rykelyk ge-
stoffeert, van *J. Lingelbach.*

135 Een Plaisant Tuyn gezigt, van *J. Moucheron.*

N. 136

N.136 Een fraay ftuk op koper, verbeeldende
daar Chriftus de Kinderen tot hem laat
komen, door *Otto Vanius*, hoog 13
duim breet 16 duim.

137 Een Heilige Familie in een Landfchap
van *C. Poulenburg*, hoog 9 duim breet
12 duim.

138 Een extra fraay Landfchap met veel
ftoffafie, door *Poulo Bril*, hoog 7
duim breet 9 duim.

139 Een dito, van den zelven, hoog 6 duim
breet 9 duim.

140 Een Landfchap met Beelden en Beeft-
jes, van *Ph. Wouwerman*, hoog 8
duim breet 9 duim.

141 Een Bloemftuk, van *Breugel*, op koper, hoog 12 duim. breet 10 duim.

142 Een Heilige Familie, op koper, door
Auguft. Carats, hoog 8 duim breet 6
duim.

143 Jacob raadplegende met zyne twee Vrouwen in het velt, door *J. Myttens*,
hoog 18 duim breet 26 duim.

144 Een Landfchap met Beeltjes, door *Poelenburg*, hoog 10 duim breet 11½ duim.

145 Een Barbiers winkel, daar Jan van Nes
zyn brandmerk laat uitfnyden, door
Lundens, hoog 11½ duim breet 12½
duim.

146 Twee ftuks Zeetjes, van *R. Zeeman*,
ieder hoog 6 duim breet 7 duim.

147 Een fraay Landfchapje met een Jagt-
hond, door *C. de Jardyn*, hoog 12
duim breet 10 duim.

148 Een Meisje dat op de Fluit fpeelt met

een

een Boertje daar by, door *Brouwer*,
hoog 8½ duim breet 6½ duim.

N.149 De Koning David in zyn Studeerka-
mer, door *Wigmana*, hoog 20 duim
breet 17 duim.

150 Een Kindje, door *Rottenhamer*, hoog
5 duim breet 6 duim.

151 Een ftil Watertje met diverfche Sche-
pen, door *Vitringa*, zo goed als *W.
van den Velde*, hoog 12 duim breet 16
duim.

152 Een dito woelend Watertje, zynde een
weerga, door den zelven.

153 Twee ftuks Landfchapjes met Beelden,
door *S. Vinkebooms*, hoog 10 duim
breet 14 duim.

154 Een Waarzegfter zittende by een Juffertje, door *Neveu*, hoog 24½ duim
breet 21 duim.

155 Een Oud Mannetje by een Jong Meisje, door *P. K.* hoog 15 duim breet
11½ duim.

156 Een Maanligtje met Beelden en Beeften,
door *A. K.* hoog 18½ breet 25 duim.

157 Een Boere Binnenhuisje, daar eenige
Boeren by het vuur zitten te roken,
door *J. M. Molenaar*, hoog 13 duim
breet 11 duim.

158 Een Boere Schoolmeefter, na *Oftade*,
hoog 10 duim breet 8 duim.

159 Een Juffertje die op de Luit fpeelt,
hoog 10 duim, breet 9 duim.

160 Een Meisje dat op een ftoel zit te flapen, door een goed Meefter, hoog
15 duim, breet 9 duim.

N.161

N.161 Een Boere Binnehuisje, daar kermis
werd gehouden, door *Swart Jan*,
hoog 12 duim, breet 15 duim.

162 Een Boere Gezelschap, door *Heemskerk*,
hoog 7 duim, breet 9 duim.

163 Een dito, door den zelven, hoog 8
duim, breet 6½ duim.

164 Een fraay Landschap, van *Momper* en
Breugel, hoog 16 duim, breet 24 duim.

165 Een Boere Bruiloft, van *J. M. Molenaar*, hoog 15 duim, breet 18 duim.

166 Een Musiceerend Gezelschap, door
Quast, hoog 12½ duim, breet 16 duim.

167 Een Boere Vreugt, door *Jan Steen*,
hoog 13 duim, breet 11 duim.

168 Een extra fraai Landschap met veel stoffasie, door *Griffier*, hoog 16½ duim,
breet 22 duim.

169 Een stuk van *Antonie Dieu*, zynde een
Herder en Herderin.

170 Lot met zyn Dogters, door de *Helse
Breugel*.

171 Een extra fraai stuk, van *J. M. Molenaar*.

172 Venus en Adonus, door *P. van Lind*,
hoog 57 duim, breet 78 duim.

173 Een Landschap met een Molentje, door
Breugel, hoog 6½ breedt 6½ duim.

174 Een Boere gezelschap met een schuit,
door *Jan Steen*, hoog 29 duim, breet 42
duim

175 Een Landschap met een schuitje, door
Breugel, hoog 6 duim : breet 8½ duim.

176 Pan en Syringe, door *Karel Vermander*,
hoog 10½ duim breet 9¾

B

N. 177

N.177 De Temptatie, van St. Anthtoni, door *David Teniers*, hoog 19½ duim, breet 26 duim.

178 Een Boeregezelfchap, door den zelven, hoog 15 duim breet 21½ duim.

179 Een Stal met Boertjes, door den zelven, hoog 9 duim, breet 7 duim.

180 Een Zeehaven met Scheepen, door *A. Stork*, hoog 14½ duim, breet 18½ duim.

181 Een Landfcbap met Stoffafie, door *G. Sanders*, hoog 11 duim, breet 10 duim.

182 Een dito flapende Diana en Nimphen, door den zelven, hoog 11 duim, breet 15 duim.

183 Gezigt van de Moezelftroom, door *Harmen Zagtleven*, hoog 7½ duim, breet 10 duim.

184 Een dito, door den zelven, zynde een weerga.

185 Een ftille Zee met Scheepen, door *L. Bakhuifen*, hoog 14½ duim, breet 18½ duim.

186 Een ouwe Vrouwe Hoofdje in 't bond, zeer uitvoerig, door *G. Douw*, hoog 9½ duim, breet 7¾ duim.

187 Eenige Badende Vrouwtjes, door *Poelenburg*, hoog 10½ duim, breet 11½ duim.

188 Een Bad van Diana, door den zelven, hoog 9 duim, breet 10½ duim.

189 Een oude Vrouw in 't Bond, door *Weeling*.

190 Een dito Oud Man, door den zelven.

191 Een Boere Bruiloft, door *Molenaar*, hoog 35 duim, breet 45 duim.

192 Een dito zynde een weerga.

N.193

N. 193 Vyf ftuks verbeeldende de Verloren
Soon, fraai gefchildert, door *B. Janfen*,
ieder is hoog 19 duim, breet 23 duim.
194 Een Landfchap, van *Vinkebooms*.
195 Een dito, van den zelven.
196 Een Schoolmeefter met verfcheide Kinderen, door *Molenaar*, hoog 18 duim,
breet 23 duim.
197 Eenige Ruiters en een Leger in het verfchiet, door *Breydel*, hoog 8 duim,
breet 10 duim.
198 Een dito zynde een weerga, door den
zelven.
199 Een kapitaal ftuk, verbeeldende Pouta-
me ftryd, vol Beelden, van *Rubbens*,
hoog 28 duim, breet 41 duim.
200 Vertumnus Pomona, door den zelven,
hoog 46 duim, breet 33½ duim.
201 De inhaling van de Graaf van Brederode
als Heer van Vianen, door *Vroom*, hoog
5 voet 4 duim, breet 10 voet 10 duim.
202 Een Boeren Gefellchap met de Pop
door *Oftade*.
203 Een Kunftkamer, door *Baftiaan Frank*.
204 Een Vrouw die Koeken bakt, door *Ver-
belt*, hoog 12 duim, breet 11 duim.
205 Een fraai Landfchap, door *Vinkeboom*.
206 Een Gezellchap met verfcheide Perfonen,
door *Drakenburg*.
207 Eenige doode Vogels, door *Fergufon*.
208 Een Boere Gezellchap, door *Molenaar*.
209 Een Zeetje, zynde een Storm, door
Perfelles.
210 Een Doctor in zyn Comptoor, door
Carre.

B 2

N. 211

N.211 Een Boere Kopje uit een Venfter, door *Oftade*.

212 Een Fruitftuk, door *de Heem*.

213 Een leggende Venus met Cupido, door *Weeling*.

214 Een Spokery, door *de Helfe Breugel*.

215 Eenige Boeren.

216 Een Lierman.

217 Een Vrouw die door het Venfter een Pot uitgiet.

218 Een Landfchapje in 't Graauw, door *Breugel*.

219 Een Prins, door *Weeling*.

220 Een Princes, door den zelven.

221 Een Gezelfchap van Boeren en Boerinnen

222 Een dito wederga.

223 Een Draak daar de Hoer van Babel op zit met bywerk.

224 Een Adam en Eva.

225 Een Sater met eenige Nimphen, door *Hartfoeker*, hoog 33 duim, breet 26 duim.

226 Een Keukenftuk, daar in een Vrouwtje die de Pot kookt, door de *Heer*, zeer uitvoerig, hoog 10 duim, br. 8 duim.

227 Een dito Keukenftuk, door den zelven.

228 Een gezicht van 't Haagfe Bos, na het bezyden den Houd, door *P. Clesorgue*.

229 Twee Vegtende Boeren.

230 Een Kamper Viffer.

231 Een Juffertje met een Spiegel in de hand, door *van Merken*.

232 Ses Pourtraitjes op Koper, en van agteren befchildert.

N.233

N. 233 Een stukje met twee Racontres, door *Vermeulen*, en 10 Portretjes geschildert en geamaljeert, alle apart in een Silvere Lysje, tegens een Paneel.

234 Een Landschapje, door *Milée*.

235 De Schilder Fabritius voor zyn Ezel zittende Schilderen, door hem zelve.

236 Een Landschap en Rivier, met Beelden, door *Joghem Uitewaal*.

237 Twee Boertjes Rookende, door *C. B.*

238 Bachus en Sileen vol, Beelden en Saters, door *Jac. Jordaans*.

239 Een Mannetje te Paart zittende, een Aalmoes aan de Bedelaars gevende, in waterverf, door *Dirk Daalens*, na *Ph. Wouwerman*.

240 Een Stukje met alderley Titelbladen, Courant &c.

241 Een fraaije Waterval, door *A. Pynacker*.

242 Een Badtje van Diana, door *Jan van der Lis*.

243 Twee Zeetjes, door *Vitringa*.

244 Een fraay Zeetje.

245 Een stil Leven.

246 Een Landschapje, van *B. H.*

247 Een gezelschapje van Boeren.

248 Een Boere Kermis met diversche Beelden, door *Lunders*.

249 Een fraai Landschap, van *A. van Everdingen*.

250 Een dito, van de oude *Moucheron*.

251 Een dito, door *J. A. Bega*.

252 Een dito, met Beelden en Beesten, door *Begyn*.

253 Een dito, door den zelven.

N. 254

N.254 Een fraai Landfchap, door den zelven.

255 Een dito, door *Verboom*.

256 Een Groenmarkt van *Mommers*, hoog 4 voet 2 duim, breet 6 voet 2 duim.

257 Een Zinnebeeldig ftuk van *Barent Graaf*, hoog 4 voet 9 duim, breet 6 voet 2 duim.

258 Een Plyfter plaatsje, van *de Vries*.

259 Een Reskontre.

260 Een Landfchapje.

261 Een dito.

262 Twee Stukjes, van *Toorenvliet*.

263 Een Lantfchap.

264 Een Vrouwe Pourtrait.

265 Een Landfchap.

266 Twee ftuks Landfchappen, zynde een Zomer en Winter.

267 Een Landfchap, van *Schendel*.

268 Een Italiaans Landfchap, met Gebouwen.

269 Een Tuyngezicht, door *Dalens*.

270 Een ftuk met twee Paarden, door *Ph. Wouwerman*.

271 Een Hofgezicht, door *Pieter Wouwerman*.

272 Een Landfchap.

273 Een dito met een Waterbron.

274 Een dito, door *M*.

275 Een dito, door een Italiaans Meefter.

276 Twee ftuks dito, door *Molyn*.

277 Een Wintertje, door *Haverkamp*.

278 Twee Hiftorie ftukjes, van *de Wet*.

279 Een Zee met Scheepen.

280 Twee ftuks dito.

N.281

N.281 Een fraai Blomſtuk , door *van den Broek*, hoog 25 duim, breet 22 duim.

282 Een Landſchap, van *Piemond*.

283 Een dito.

284 Een dito, van *Verboom*.

285 Het Pourtrait van *W. van der Hoeven*.

286 Een Hiſtorieſtuk, na *Lareſſe*.

287 Een Dorp gezicht, door *de Vries*.

288 Een Heilige met het Hoogwaardige in de Hand, door *van Dyk*.

289 Een Drie Koningen-Avond, door *van der Pont*.

290 Eenige rookende Boeren, na *Jan Steen*.

291 Een Landſchap van *Meyering*.

292 Een dito.

293 Een Bathalje, van *Uittewaal*.

294 Een Bakker die op zyn Hooren blaaſt.

295 Een oud Man die in een Boek leeſt.

296 Job op de Miſthoop, door een oud Meeſter.

297 Een Boere Binnehuisje.

298 Een gezigt van de Vismarkt tot Amſterdam.

299 Twee Zeetjes van *Perſelles*.

300 Een Vrolyk geſelſchap na *ter Burg*.

301 Twee Stuks gezelſchapjes na *Meszeu*.

302 Een bedriegelyk Schildery.

303 Twee ſtuks Landſchapjes met Beeſtjes.

304 Twee ſtuks geſelſchapjes.

305 Drie Altaarſtukjes.

306 Drie ſtuks.

307 Vier ſtukjes van *Torenvliet* en twee andere

308 Een Hiſtoriſtuk van *Biskay*.

309 Twee ſtuks van een Italiaans Meeſter.

N. 310 Een ftuk met alderhande Gevogelte na
     Hondekoeter.

311 Een dito door den zelven.

312 Een dito.

313 Een Herder met een Herderin.

314 Daar eenige Heeren op de Jagt gaan, door
     Zoolmaker.

315 Een Boere buytenhuisje, door *B. Gaal*.

316 Een ftilleven.

317 Een Blomftuk.

318 Twee ftuks zynde een Winter en Somer,
     door *Rombouts*.

319 Een Landfchapje van *B: Gaal.*

320 Een Jongetje die een paart vaft hout,
     door *Crabetje*.

321 Twee Landfchapjes, van *M. Bot*.

322 Twee dito, van *R. R. T.*

323 Twee Bataljes, door *E. van den Velde*.

324 Een Ram en Schaapskop, door van *der
     Does*.

325 Een Boere binnehuisje, van *Brekelenkamp*.

326 Een ftuk levens groote, in de manier van
     van Dyk.

327 Een Landfchap, van *E. van den Velde*.

328 Een Zee met de pen Getekend, door *C.
     van Bos*.

329 Een Italiaans Landfchapje.

330 Een Smidt die een Paart beflaat, in de ma-
     nier van *van Bloemen*.

331 Een Zeetje, door *L. B.*

332 Een boere Binnehuisje daar een Varken
     op de leer hangt.

333 Een dito zynde een Weergaatje, door
     T. Wyk.

N. 334

N.334 Een Wintergezigtje.
335 Een bergagtig Landfchapje.
336 Een Zeetje, van *Perfelles*.
337 Een Waterval, van *Molenaar*.
338 Een Wintertje van dito.
339 Een Landfchap van de *Graaf*.
340 Venus in 't Harnas, door *de Hoog*.
341 Een Zeeftrandje, door *Willars*.
342 Een Karretje met een Vrouwtje, door
    J. M. Molenaar.
343 Vyf ftuks divers.
344 Twee Zeetjes in Miniatuur.
345 Een water ftuk met Vogels, door *Bronk-*
    horft.
346 Twee Vanitaffen uitvoerig.
347 Vier Stukjes konftig uitgefneden.
348 Een extra en ongemeen fraay ftuk in het
    graauw, verbeeldende een Grafleg-
    ging, met veel Figuren, door *G. Lai-*
    reffe, hoog 12, breet 48 duim.
349 Het zelve Stuk nog Een zyn Coupu.

Miniatuuren van de beroemde *Carel Barents*, Schilder, Mathematicus en Ingenieur.

Alle in Vergulde Lyften, met Glazen daar voor.

N. 1 Andromeda aan een Rots gekluiftert, door *Perfeus* verloft.

2 Een Boere Bruiloft en omtrent 50 aanzittende Gaften, na *Momper* en den *Fluweele Breugel*.

3 Een fraai Bosgezicht.

4 Leda haar badende met een Swaan, waar agter Cupido.

5 Flora met Bloemen omhangen.

6 Lucretia met een Pook in haar hand uit Bed vliedende.

7 Een Boere Kermis, met verfcheide danzende en fpelende Boeren, na *Ooftade*.

8 Een dito, na de Ordonnantie van *Hans Bol*.

9 Badende Diana met Nimphen en danfende Cupido.

10 Den Parabel van den Verloren Soon, in zes ftukken vertoont.

11 Een Landfchap met een Rivier en Adelyk Huys en fchone Gebouwen.

12 Een badende Venus en Cupido, en Sater die op de Fluit fpeelt.

13 Een Landfchap met Boere Landen, en Mayende Boeren.

14 De vier Getyden van het Jaar, in vier ftukken.

15 Het Oordeel van Paris.

N. 16

N.16 Een Landfchap, verbeeldende Boeren-
Woningen, Schaapherders &c.

17 Slapende Diana met Honden, en verder
Jagttuyg.

18 Cupido zegt zyn les op voor Venus-

19 Een Juffrouw in haar Cabinet, met Snuif-
doos en Koffikan

20 Een Juffrouw uitzigt hebbende op een
Tuyn.

21 Boere Bruiloft en Quakzalver.

22 DeSomer, verbeeld met MayendeBoeren,
en Melkende Boerinnen &c.

23 Een Boere Huishouding, na de manier van
Ooftade.

24 dito.

25 dito.

26 Een Kermis met danfende en eetende
Mannen en Vrouwen.

27 De Wyn Oogft.

28 Een dito, na de origineele fchets, van *P.
Bril.*

29 Gezigt over de Rhoon, met een fchie-
tende Jager.

30 Baadende Nimphen met Hondtjes, Cupido in 't verfchiet.

31 Venus en Cupido, by Toortsligt.

32 Een gezelfchap dat Koffi drinkt.

33 Een Maaltyd met twaalf aanzittende
Gaften.

RA-

RARITEYTEN.

GEDIERTENS in Liquor.

N. 1 Een fraye Pad, die de Jongen op de rug-
     ge draagd,
  2 Een Mieren Eter.
  3 Een dito.
  4 Een Zurinaams Reetje.
  5 Een Crocodil of Kayman.
  6 Een Leguaan, en W. Ind. Spinnekop.
  7 Een W. Ind. Boschrot , of Filander,
     Mannetje.
  8 Een dito, ander foort.
  9 Een dito, wyfje, ander foort.
10 Een Columbrietje, op zyn neft
11 Het Hart van een Menfch, met de groo-
     te Bloedvaten.
12 Een zee Spin.
13 Een zee Kat.
14 Een Hayvis.
15 Een dito.
16 Een W. Ind. dogger Vifch,
17 Een W. Ind. Reetje.
18 Een Blaauw geruite Slang.
19 Een Roode W. Ind. Zeekat.
20 Een W. Ind. Spinnekop, Scorpioenen Rups.
21 Een Fray getekende Crocodil.
22 Een Blaauw paers geruyte Slang.
23 Een Menfche Beenworm.
24 Een Tweehoofdige Slang.
25 Een Oog Slang.
26 Een W. Ind. Hagedis.
27 Een Leguaan of Krobbelaar.
28 Een Pluymvis.
29 De Koning van de Haring.
30 Een Cacau Vrucht.
31 Een Anacardi Vrucht.

N.32 Het Zaad van de Zeekat.
33 Twee Zeehoorn Slacken, waar van op
    eene een Zegewas.
34 Een Hagedis.
35 Een Remora en Slang.
36 Een Slang.
37 Een fraye Crocodil.
38 Een Capitaale Sauvegaarde.
39 De Slang Jacapara.
40 Een fraye Ratelflang.
41 Een Philander met de Sak.
42 Een Jong Wild Swyn.
43 Een fraye Lazuer en gebandeerde Slang.
44 Een Biceps.
45 Een fraye Slang.
46 Een dito.
47 Een Foetus zynde een Neegerinnetje.
48 Een zeer fray Visje.
49 Een Bieceps.
50 Een Konings Slang.
51 Twee Crocodillen.
52 Een Congeraal- Slang en vreemd Visje.
53 Twee fraye Slangen, Spinnen &c.
54 Een Starrepootje.
55 Een Sipipa, zynde het Mannetje.
56 Twee Fraaye Visjes en Schilpatje.
57 Een fraai Visje.
58 Een dito.
59 Een dito.
60 Een dito Depager genaamt, met eenige
    Eyren.
61 Een fraay Reetje.
62 Diverfe Slangen.
63 Een Esmeraude Slang.
64 Een dito.

N.65

N.65 Een fraye Leguaantje en Slangetje.
66 Twee Kaapfe Camelions.
67 Hagedis, Slangetje en Spin.
68 Een Schildpadje.
69 Diverfe Rupfen.
70 Twee fraye Visjes.
71 Twee dito.
72 Twee dito.
73 Een Spaanfche Seekatje.
74 Een vreemd Seeftarretje.
75 Twee vreemde Visjes.
76 Een fray Philandertje.
77 Een zeer net geteekent Slangetje.
78 Diverfe dito, vreemde vrugt en visje.
79 Een Jonge Crocodil.
80 Een dito.
81 Een Remora en gebandeerde Slang.
82 Twee Vliegende Hagedisjes.
83 Twee fraije Slangetjes en Rups.
84 Een vreemd Visje.
85 Een vis, Jakje genaamt, en Wandelend blad.
86 Dieverfe fraije Hagedisjes en Slangetje.
87 Een Leguaan.
88 Een dito en gebandeerde Slang.
89 Een dito en Lazuer Slang.
90 Een Schildpadje en Spaanfe Juffer.
91 Een granaat vrugt.
92 Twee Cuncellus.
93 Twee vreemde Visjes en Spin.
94 Een Caapfe Camelion.
95 Een dito.
96 Een Leguaan.
97 Een fraay Slangetje.
98 Diverfe dito.
99 Dito en Langhalfen &c.
100 Dito en fray Hagedis.

N. 101

N.101 Een Hagedisje.
102 Duyzend been en Visje.
103 Dito en Slangetje.
104 Een Magezyn fles.
105 Een dito.
106 Een dito.
107 Een dito
108 Een dito.
109 Een dito.
110 Twee Vogel Struys Eyers.
111 Twee dito.
112 Twee groote witte Glasen.
113 Drie dito.
114 Vier dito.
115 Vier dito.
116 Zeven flange Glasen.
117 Een Telescopium met een houte Kistje.
118 Een Zonneftel.
119 Een Microscopium.
120 Een Sak-Microscopium.
121 Een Tafel-Lugtpomp.
122 Een gewapende Zylfteen.
123 Een Tonneelkyker.
124 Een Verrekyker.
125 Een ivoor Sak-Compas.
126 Een lopend Mereminnetje.
127 Eenige Teekenpaffers.
128 Eenige Mathematifche Inftrumenten.
129 Een Kopertafel-Kompas op zyn Voet.
130 Een Kamer-Obfcura.
131 Een extra fraay in 't koper gewerkte
    Santloper , zynde gelyk een Kompas.
132 Een zilver doorwerkt Signet met een
    Kompas.
133 Een Aftronomifche Zonnewyzer.
134 Een Hand-Zonnewyzer.
135 Een Hang-Kompas.